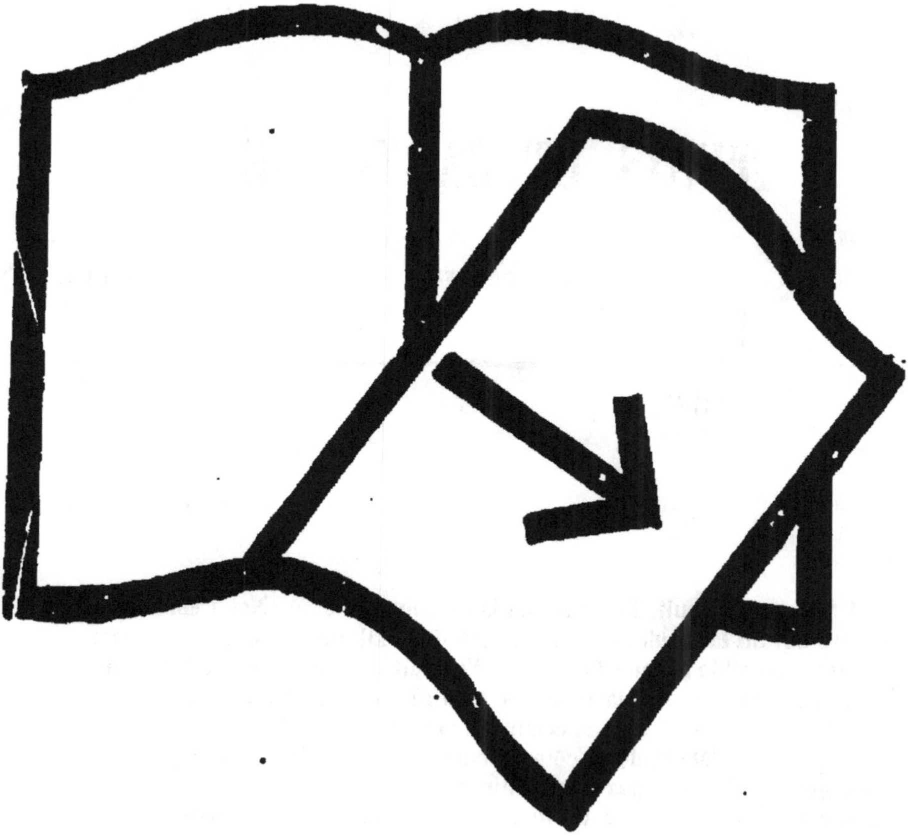

Couvertures supérieure et inférieure manquantes

TUNIS ET CARTHAGE

NOTES DE VOYAGE

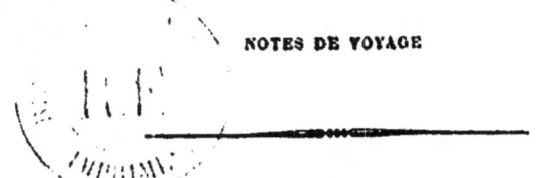 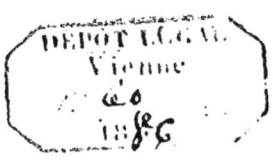

31 Août 1885

Il fait encore nuit. Le bruit de la machine a cessé. Nous sommes à l'ancre devant la Goulette, mais à plus d'un kilomètre de terre, le port n'étant accessible qu'aux bâtiments d'un faible tirant d'eau. Couvert de nuages sombres qui ne tardent pas à se résoudre en une pluie chaude, le ciel est sillonné de grands éclairs, à la lueur desquels on entrevoit çà et là quelques détails de la côte africaine. Le jour vient peu à peu ; les passagers ne tardent pas à envahir le pont, la plupart somnolents et encore ahuris par le mal de mer. Beaucoup de visages nouveaux, car c'est à l'arrivée seulement que se produit à la lumière la foule des malheureux qui n'ont pu quitter leur couchette pendant la traversée. Le grand panneau est ouvert, et le treuil à vapeur en extrait incessamment des montagnes de colis, où chacun cherche à reconnaître son bien : spectacle toujours amusant pour moi, qui n'ai jamais pour bagage qu'une petite valise portée à la main. Il fait grand jour maintenant ; la pluie a cessé, le soleil levant illumine vivement à notre droite les hauteurs de Carthage, et dans le lointain, sous un ciel encore nébuleux, apparaissent pendant quelques éclaircies les maisons de Tunis la blanche, étalées sur une faible pente du côté de la mer. On dirait une immense carrière de marbre. Le major S., mon excellent compagnon de voyage, me fait monter avec lui dans le chaland de l'État, et bientôt nous mettons pied à terre à la Goulette. Pendant qu'il veille à ses colis, un grand nègre prend ma valise, que la douane, ici fort bénigne, se borne à me faire ouvrir sans y regarder, et nous nous dirigeons vers le chemin de fer, en longeant le canal qui fait communiquer le lac de Tunis avec la mer. On laisse à gauche la forteresse et les casernes, reliées à la ville par un pont tournant, et à droite, une batterie d'énormes canons démodés, qui feraient sans doute plus de bruit que d'effet s'ils se trouvaient aux prises avec nos engins perfectionnés.

La ville toute moderne de la Goulette ne se compose guère que d'une rue très large plantée d'arbres et bordée de maisons basses à terrasses. Elle est surtout peuplée d'Italiens et de Juifs. Les premiers indigènes en vue sont de malheureux galériens attachés deux à deux à la cheville par de vieilles chaînes aux anneaux énormes. Ils sont occupés à balayer les rues. L'un deux me tend une main dans laquelle je dépose quelques sous ; après quoi, ayant mis son butin en sûreté dans quelque pli de ses haillons, il m'adresse le salut arabe, en portant la main à son front, à sa bouche et à sa poitrine, ce qui veut dire : ma pensée, ma parole, mon cœur sont à toi. Médiocrement flatté du cadeau, je me hâte du côté du chemin de fer, où, selon ma coutume, j'arrive beaucoup trop tôt. Cela me donne le temps de prendre au buffet une légère collation, qui m'est cruellement disputée par les mouches plus petites, mais infiniment plus acharnées et plus audacieuses que chez nous. La foule se presse autour des guichets. Elle se compose surtout de Juifs des deux sexes : les hommes vêtus à peu près comme les indigènes, quand ils ne le sont pas comme les Européens ; les femmes ayant pour costume un caleçon collant en bas, bouffant en haut, chemise ou camisole plus ou moins ornée de broderies, jaquette ouverte descendant jusqu'aux hanches et ressemblant à une blouse fendue sur le devant ; le tout en une fine étoffe blanche. La coiffure est une sorte de calotte terminée par une petite corne noire. Elles portent quantité d'anneaux et de bracelets, et se teignent les ongles en rouge avec du henné, ce qui est d'autant plus laid que ces dames ont généralement les ongles courts et écrasés. Ce sont d'ailleurs de plantureuses personnes, chargées de graisse à l'excès ; elles traînent après elles et portent dans leurs bras des nichées de petits enfants, charmants pour la plupart, comme aussi les petits Arabes, mais qui deviennent suffisamment laids en prenant de l'âge. A en juger d'après les apparences, les sources où s'alimentent ces bébés ne doivent pas s'épuiser facilement. O caprices de la mode ! celle du jour consiste à exhiber une chaussure tellement courte, que le talon entier déborde en arrière, n'appuyant sur rien ; et c'est vraiment pitié de voir les élégants Juifs et indigènes, drapés dans leurs pittoresques costumes, marcher en traînant les jambes, avec la constante préoccupation de ne pas laisser échapper leurs souliers éculés.

Le major ne tarde pas à me rejoindre, et dirige mes premiers pas dans un milieu si nouveau pour moi. Si jamais ces lignes viennent à tomber sous ses yeux, qu'il y trouve l'expression de ma gratitude pour les bons offices qu'il n'a cessé de me rendre. Le sifflet annonce l'arrivée de notre train. Il en sort tout un monde de dévots et de pèlerins, qui vont s'embarquer pour une destination à nous inconnue. Ils se bousculent à qui mieux mieux, et se précipitent à grand bruit vers les issues. Impossible de dépeindre la variété des types et des costumes : c'est comme un éblouissement, et cela ne dure qu'un instant. Tous ces hommes portent de grands drapeaux enroulés autour d'une hampe peinte de bandes multicolores, de grands bâtons et les ustensiles de culte les plus divers : lampes et encensoirs à chaînes de cuivre, énormes tambours de basque, flûtes, rebecs, petites cornemuses ou quelque chose d'analogue. Cela doit faire de jolie musique ! Au milieu des Juifs et des Juives nous prenons place dans une de ces voitures largement ouvertes de la Compagnie Rubattino ; le convoi s'ébranle vers Tunis, où l'on arrive au bout d'une demi-heure ; un fiacre me conduit au Grand-Hôtel, où je prends gîte.

Mais quelques détails topographiques ne seront pas ici déplacés.

Peuplée de plus de cent mille habitants, la ville de Tunis est sans doute, après le Caire et Alexandrie, la plus considérable de l'Afrique. Située près du fond du golfe de même nom, elle occupe un isthme un peu montueux entre la Sebka-Seldjoum, lagune salée qui la touche presque au sud-est, et le Bahira, ou lac de Tunis, autre étang salé qui la sépare de la mer. On a vu que ce dernier, dont la profondeur excède rarement 50 centimètres, communique avec le dehors par le canal de la Goulette ; un chenal balisé creusé à son milieu permet aux petites embarcations d'arriver jusqu'à Tunis. Les Arabes disent que la ville a la forme d'un burnous étendu sur le terrain, et ils n'ont pas absolument tort, car elle est plus longue que large et un peu échancrée, puis arrondie à l'extrémité sud, où ils placent le capuchon. Constantine aussi a la forme d'un burnous, quoique le périmètre en soit tout à fait différent ; mais il ne faut pas y regarder de si près. Du nord au sud la longueur de Tunis est de 2 kilomètres et demi, et sa plus grande largeur, de l'est à l'ouest, de 1600 mètres, ce qui représente une superficie d'environ 3 kilomètres carrés. Autrefois défendue par une muraille crénelée flanquée de tours, dont une notable portion a disparu du côté du Bahira, la ville se divise en trois quartiers distincts : au nord le faubourg Bab-es-Souïka ; au sud le faubourg Bab-el-Djésira ; entre les deux la cité proprement dite ou Médina, qui était aussi entourée d'une enceinte particulière, aujourd'hui démolie presque partout, et remplacée par une sorte de boulevard circulaire, horriblement poudreux ou boueux suivant la saison. Ce qui précède concerne la ville arabe ; mais il y a en plus le quartier franc, édifié presque au niveau de la mer sur un terrain horizontal, et traversé à son milieu, de l'ouest à l'est, par un magnifique boulevard planté de grands arbres et de superbes dattiers. C'est l'avenue de la Marine. La ville européenne consiste d'ailleurs en larges voies rectilignes qui se garnissent rapidement de belles constructions. Au nord de l'avenue et à proximité de la gare Rubattino habitent surtout les Maltais et les Italiens; au sud habitent surtout les Français. Il y a, de ce côté, de vastes quartiers en partie bâtis, des places spacieuses, dont quelques-unes encore à l'état de tracé, notamment devant la gare franco-algérienne, un fort grand marché couvert avec cour intérieure et beaucoup d'établissements de banque et de commerce. L'espace ne manque pas; de toutes parts s'élèvent des maisons nouvelles, et dans peu d'années la Tunis moderne pourra rivaliser avec nos cités les plus élégantes.

A peine installé (ce qui est bientôt fait), j'ai hâte de courir la ville. L'orage s'est dissipé, laissant après lui une chaleur humide extrêmement lourde, et une boue abominable qui ne tarde pas à se convertir en poussière sous les rayons d'un soleil autrement ardent que le nôtre. Comme il est naturel, c'est le vieux Tunis qui m'attire tout d'abord. On y accède par une porte monumentale couverte d'inscriptions arabes, et située à l'est de la ville, et à l'origine de l'avenue de la Marine. Elle s'ouvre sur une place étroite déjà bordée de maisons européennes avec magasins et restaurants; puis se présentent à droite et à gauche deux rues montantes par où l'on pénètre dans l'inextricable labyrinthe des ruelles, carrefours et culs-de-sac dont se compose la cité du centre. Ici se pressent les boutiques et les ateliers. Quelquefois garnies de trottoirs fort étroits, les rues principales sont pavées en blocs calcaires grossièrement équarris, et, dans le milieu, une rigole peu profonde laisse écouler l'eau des averses. Mais les quartiers périphériques, ce qui veut dire la plus grande partie de la ville, n'ont pour pavé que la terre nue; aussi deviennent-ils à peu près impraticables en hiver. On n'y trouve plus que les maisons mauresques, toujours avec terrasses; elles ne montrent, du côté de la rue, que leurs grandes murailles blanches percées de rares ouvertures protégées par de solides grilles de fer, à mailles extrêmement serrées. Une porte basse en ogive, ornée de gros clous qui dessinent des fleurs et des arabesques, et souvent encadrée de montants sculptés, donne accès dans l'intérieur. Par cette porte ouverte on aperçoit, ou bien une cour quadrangulaire, ou bien un corridor pavé en mosaïque aboutissant à un escalier de marbre bordé de plaques de faïence. Au dedans c'est encore la maison antique : cour centrale avec arbustes et jet d'eau, entourée de galeries sur élégantes colonnettes; chambres et appartements disposés des quatre côtés de cette cour, sur laquelle ils prennent jour; pour meubles, des nattes sur le parquet et des divans contre les murs. Ces habitations des riches propriétaires maures et des gros négociants juifs sont beaucoup plus grandes et paraissent infiniment plus luxueuses que celles de leurs congénères algériens, et la solitude des quartiers qu'elles occupent contraste avec l'animation du reste de la ville.

Il y a, en effet, grand mouvement et grande circulation dans les rues marchandes et aux abords de l'avenue de la Marine. La population est extrêmement mêlée. En quelques instants on peut observer toutes les nuances de la coloration humaine, depuis le blanc pâle et chlorotique de certains enfants d'Israël à la chevelure rousse, jusqu'au noir de cirage des nègres du Soudan. Les mendiants pullulent, ainsi que les portefaix et autres pauvres diables dont la nudité est à peine couverte par des haillons sordides ou par une grosse toile d'emballage. Contrastant vivement avec ces misères circulent les élégants à la mode du jour, c'est-à-dire chaussés trop court, et superbement drapés dans leurs vêtements blancs ou multicolores en fine étoffe lustrée. Ainsi que la plupart des étrangers, ils tiennent à la main l'éventail mauresque, lequel ressemble à une girouette. D'énormes Juives, aux genoux cagneux, se débattent avec leur marmaille. De loin en loin une femme arabe traverse timidement la foule, empaquetée dans une sorte de linceul blanc tout d'une venue, et gracieuse comme un sac ambulant. Le petit voile noir transversal qui couvre le visage ne laisse apercevoir que les yeux. A distance on prendrait ces dames pour des négresses ; de près, ce voile ne cache rien de bien séduisant, la plupart ayant depuis longtemps dépassé l'âge de la maturité. Ajouter, pour compléter le tableau, les employés et les soldats du Bey, dans leur sombre et disgracieux uniforme européen, les officiers et les troupiers français, les ordonnances à cheval, les Juifs et les Maltais au costume hybride, mi-arabe, mi-européen, enfin les Français et les Françaises, les Italiens et les Italiennes, habillés comme tout le monde. Le contraste est grand entre nos vêtements étriqués et la tenue orientale, si ample et si élégante. Quelque misérables qu'ils puissent être, tous ces hommes, largement drapés à la manière antique, ont une allure infiniment plus fière et plus noble que nous autres malheureux civilisés. On souffre de voir nos femmes sanglées dans leurs corsets quand on voudrait s'alléger au possible, et l'on comprend que beaucoup d'étrangers adoptent le costume indigène.

Après déjeûner je vais rejoindre S. au Cercle des officiers, où il m'avait donné rendez-vous. C'est un établissement fort bien tenu, installé au rez-de-chaussée et sous les arcades du café français, dans la grande avenue, et presque en face de l'hôtel. Ces messieurs s'entretiennent encore des chaleurs excessives des semaines précédentes. Pendant près de deux mois le thermomètre a dépassé ou avoisiné 40 degrés ; il s'est élevé une fois à 47 degrés sous les arcades mêmes où nous cherchons la fraîcheur. Il y eut beaucoup de morts par insolation, car de pareilles températures sont insolites sur le littoral, et ne surviennent que trois ou quatre fois par siècle, comme chez nous les grands hivers. C'est peut-être ici qu'elles ont atteint leur maximum ; on s'en plaignait moins à Alger, et à Oran on n'avait rien observé d'extraordinaire.

Mais l'ordonnance du major m'apporte une carte du consulat donnant autorisation de visiter le palais du Bardo, et fait avancer une voiture où je prends place avec le capitaine L., un de nos compagnons de traversée. On laisse à gauche la porte monumentale, on remonte la rue des Maltais, qui occupe l'emplacement des anciens remparts de l'est, et l'on sort par la porte Bab-es-Sadoun ou du nord-ouest. La route est bordée d'arbres et assez bien entretenue. Après avoir traversé des cultures maraîchères entourées de grandes haies d'agaves et de cactus, elle franchit les arceaux fort élevés d'un tronçon de l'aqueduc d'Hadrien, et se continue au milieu des terrains vagues et des champs dépouillés de leurs récoltes. La campagne s'étend à perte de vue, blanchâtre, aride et presque plane; cependant de belles perspectives se découvrent au sud, car on domine le lac de Seldjoum et la vallée de la Miliana, limitée par de pittoresques collines, et à l'extrême horizon surgit la masse abrupte et imposante du Djébel-Zaghouan, d'un azur admirable. Situé à 2 kilomètres au nord-ouest de Tunis, le Bardo s'élève au milieu d'une plaine nue ou couverte de friches et de broussailles. Les abords immédiats du palais sont encombrés d'immondices, et remplis de fondrières transformées en bourbiers par la pluie du matin. Du dehors il ne paye pas de mine : sans architecture aucune, il se présente comme une sorte de forteresse dégradée, avec fossés, tours et vieux canons rouillés. Depuis qu'il ne sert plus de résidence on a cessé de l'entretenir; d'ailleurs il a été construit avec tant de négligence, que si l'on n'y met ordre, il ne tardera pas à tomber en ruines. L'entrée donne accès dans une longue allée latérale bordée de misérables boutiques de la forme et de la grandeur des cages de nos ménageries, où sont accroupis de pauvres hères qui attendent l'acheteur avec l'apathie orientale. Un passage voûté fort obscur débouche dans une sorte de grand préau entouré de murailles blanches, avec quelques fenêtres grillées; un second passage conduit à un bel escalier et à une magnifique cour de marbre, avec colonnettes et arcades merveilleusement fouillées, ressemblant à une dentelle blanche. C'est certainement la partie la plus remarquable du palais. Le reste se compose de pièces de toutes dimensions, situées à tous les niveaux, communiquant par des couloirs et des escaliers innombrables, la plupart garnis de plaques de faïence. Cependant la salle du trône mérite une mention spéciale. Elle est fort grande, fort ornée et assez bien meublée à l'européenne; mais les décorations, aux couleurs vives et criardes, trahissent une absence de goût qui se remarque encore mieux dans le choix des tableaux suspendus aux murailles. On y voit les portraits en pied de la plupart des souverains de l'Europe depuis la Restauration, quelques bonnes toiles, mais un nombre infiniment plus grand de véritables croûtes, et les petits intervalles entre les cadres sont occupés par de méchantes lithographies. Même incohérence dans l'ameublement, les objets les plus élégants se trouvant à côté des plus vulgaires : partout des pendules, des baromètres, des anéroïdes, des thermomètres qui s'accordent à peu près pour marquer

28 degrés ; partout aussi les parquets gauchis, les murs fendus et éraillés, le papier de tenture décollé et pendant. Tout près de là, nous allons visiter le palais également abandonné où logeaient les femmes du Bey. Il est entouré d'un fort beau jardin, avec grands arbres, bambous et dattiers. Cette fois l'ameublement a bien le cachet oriental ; il consiste surtout en larges divans installés le long des murs, et en lits très bas, de dimensions énormes, occupant des alcoves également très basses, et absolument tapissées de glaces et de verreries. Abondent également les pendules et les thermomètres.

Au retour, nous avons hâte de pénétrer dans le labyrinthe du vieux Tunis. Notre fil d'Ariane est un jeune Hébreu du nom de Félix, garçon fort intelligent, qui nous sert de truchement, et qui fut ensuite le compagnon habituel de mes excursions. Il nous conduit aux souks ou bazars, formant comme une petite ville dans la grande, et fermés la nuit par des portes massives. C'est un dédale de rues étroites et montueuses, horriblement pavées, assez souvent couvertes en poutres ou en planches noircies, dont les interstices laissent filtrer les chauds rayons du soleil, ou encore voûtées et avec colonnettes. Les boutiques et les ateliers se pressent et se confondent. Ce sont, le plus souvent, des réduits bas et étroits, remplis des marchandises les plus diverses, et tellement encombrés que leurs propriétaires trouvent à peine une place pour s'y loger. Ils attendent philosophiquement le client en fumant des cigarettes, sans solliciter le passant d'aucune manière. Tous les commerces, toutes les industries vivent fraternellement côte à côte. Un magasin de tapis ou de soieries touche l'échoppe d'un fruitier, incessamment occupé à chasser les mouches qui dévorent ses figues et ses raisins ; plus loin, un notaire à barbe blanche, gravement assis à la manière des tailleurs, rédige un acte en écrivant de droite à gauche avec un éclat de roseau pointu ; son voisin immédiat est un gargottier, dont le fourneau exhale sous le nez des passants d'affreuses odeurs de graisse brûlée ; vient après une boutique de parfums et d'huile de rose, puis une niche où se tient un changeur derrière des piles de gros sous, et ainsi de suite. Des rues entières sont occupées par une même industrie : il y a, par exemple, le quartier des cordonniers, celui des tailleurs, des brodeurs, des mégissiers, des selliers, des forgerons, des armuriers, des orfèvres. Tout ce monde travaille en plein air, dans des espaces fort exigus, et souvent un deuxième étage d'ouvriers est installé sur de grands rayons, près du plafond, quand la pièce a une hauteur suffisante. Avec des outils extrêmement simples, et en employant les procédés les plus primitifs ils exécutent des œuvres merveilleuses : on voit encore des forgerons plongés jusqu'à la ceinture dans un tonneau dont le bord arrive au niveau du sol, ayant devant eux une petite enclume, et à main droite un soufflet qui ne donne qu'un jet intermittent, et qui consiste en une outre de cuir sur laquelle ils pressent avec un bâton. Toujours en quête de monnaies romaines, je me fais conduire dans plusieurs boutiques d'antiquités et de bric-à-brac, où je ne trouve guère que des pièces byzantines de l'atelier de Carthage, à peu près frustes, et à des prix exorbitants. Ici, comme en Russie, il faut tout d'abord rabattre moitié sur la demande, et ensuite commence la discussion. D'ailleurs le marchand s'empresse autour de l'acheteur, le fait asseoir, lui présente du café et des cigarettes, mais ce n'est qu'après de longues négociations que l'on parvient à s'entendre.

Nous passons devant la grande mosquée, dont on peut entrevoir les cours à arcades. Elle est enfouie au milieu des ateliers et des boutiques, en cela comparable à certaines églises de Venise dont on ne voit que la porte. Les Européens n'y sont point admis; et comme je gravissais les premières marches, ignorant l'interdiction, notre guide me tire vivement en arrière, en me faisant remarquer les murmures et les regards peu rassurants des fils du Prophète accroupis sur les degrés. D'ailleurs les mosquées se ressemblent toutes à l'intérieur. La pièce principale est une grande salle avec galeries et colonnettes, lampes innombrables suspendues à de longues chaînes et descendant au même niveau, quelquefois une fontaine à l'entrée; pour mobilier, des nattes sur le sol, puis, au milieu, une de ces grandes chaires carrées à plate-forme comme il y en a dans les synagogues. Les fidèles se déchaussent à l'entrée, mais, une fois leurs prières dites, ils ne gardent pas la tenue qu'on serait en droit d'attendre d'aussi scrupuleux observateurs de la loi : rien n'est plus ordinaire, à Alger et ailleurs, que d'en trouver un bon nombre dormant pêle-mêle étendus sur les nattes, ou encore accroupis le long des murs, et causant à haute voix de leurs affaires.

Nous finissons par gagner les quartiers extérieurs. Dans ces rues désertes et silencieuses on ne rencontre plus que de rares passants, qui se glissent le long des maisons, et disparaissent dans quelque porte aussitôt refermée. Il semble qu'on y respire plus à l'aise. Au moins peut-on découvrir de grands espaces de ciel bleu; le soleil d'Afrique éclaire vivement les murailles blanches, en produisant les plus vifs contrastes d'ombre et de lumière; de loin en loin les festons de la vigne escaladent les clôtures d'un jardin, et la tige svelte de quelque palmier s'élance par-dessus les terrasses, couronné de son gracieux panache. Pour l'étranger, ces quartiers bourgeois du nord sont un dédale aussi inextricable que celui des souks et des bazars, mais il y a un excellent moyen de se tirer d'affaire : c'est de descendre en suivant la pente du terrain; alors on aboutit infailliblement dans le voisinage de l'avenue de la Marine. C'est aussi là que nous finissons par arriver, après avoir assez longtemps suivi la rue des Maltais, déjà européenne dans sa partie basse. Tunis se transforme rapidement; il n'y a pas de temps à perdre si l'on veut retrouver encore la vieille cité mauresque.

Ici me quitte le capitaine, et je congédie notre guide, dont je n'ai plus besoin pour visiter le quartier franc. A son origine, l'avenue de la Marine est bordée d'hôtels et de cafés aussi élégants et aussi bien tenus que ceux de nos grandes villes, et la plupart des maisons ont trois ou quatre étages. Elles ne sont pas déshonorées par ces toits arrondis et ces mansardes qui enlaidissent nos boulevards parisiens. Plus loin se présentent les bâtiments de l'administration française et de l'état-major, avec postes de zouaves et gendarmes, et, vis-à-vis, quelques cafés arabes ; plus loin encore, des terrains vagues et des masures, et cette superbe allée, dont la largeur est énorme, se termine misérablement aux baraques en planches, aux chantiers et aux magasins du port : *desinit in piscem*. A gauche, on aperçoit à peu de distance les bords marécageux du Bahira, coupés de fossés infects par où se déversent les immondices de la ville ; à droite, ce sont des jardins maraîchers défendus par de formidables murailles de cactus ou de grands roseaux, et remplis de ricins arborescents, de vignes, de figuiers, de bananiers et de dattiers, ces derniers cultivés comme arbres d'ornement, car ils ne mûrissent leurs fruits que dans le désert. Les autres rues sont assez animées, surtout du côté de la gare française, mais peu intéressantes à visiter en ce moment, car le grand marché vient de fermer, et les paysans attardés s'éloignent dans le sud, en poussant devant eux leurs chameaux et leurs bourricots.

A la tombée de la nuit s'allument les lampes fumeuses des cafés arabes, dans l'intérieur desquels des artistes indigènes exécutent leurs effroyables concerts avec des instruments non moins indigènes : fifres criards ressemblant à ceux des *pifferari* de la campagne romaine, rebecs à trois cordes raclés avec fureur et rendant un son de bois sec, tambours de basques énormes frappés à tour de bras. Impossible de rien noter de cette musique étrange, où il n'y a, le plus souvent, ni chant ni mélodie, et de l'harmonie encore moins, mais qui est exécutée avec un incroyable entrain ; à peine, çà et là, peut-on saisir quelque motif à trois temps d'un boléro espagnol singulièrement défiguré. Étendus sur les nattes qui couvrent le sol, les consommateurs fument des cigarettes et jouent aux dames ou aux cartes ; celles-ci grossières, rugueuses, quelquefois pliées en long, et autrement marquées que les nôtres. Dans quelque coin, le patron compose ses mixtures devant un feu de charbons. On a vanté et déprécié outre mesure le café préparé à la manière arabe. La vérité est entre les deux. Comme on le sait, le marc reste mêlé au liquide, mais à l'état d'une poudre impalpable, qui se précipite peu à peu, et communique à la boisson un moelleux fort apprécié des amateurs indigènes, et, selon moi, fort appréciable. Malheureusement la denrée est presque toujours de qualité inférieure, car on emploie surtout le café Rio.

Tunis n'est pas moins curieuse à visiter la nuit. Pendant que l'avenue de la Marine et ses abords brillent encore des feux du gaz, et que les amateurs achèvent leur partie de piquet ou de bézigue devant les cafés européens, la ville arabe est endormie dans le silence. Dans le quartier des souks, alors fermés, règne une obscurité profonde, et sous les arcades, dans les encoignures ou plus simplement au pied des murailles, sont étendus des groupes pressés de pauvres diables, ayant pour couche la terre nue et pour plafond le ciel étoilé.

— Les jours suivants, mêmes promenades dans l'intérieur de la ville, ordinairement en compagnie de Félix. Quel que fût le point de départ, nous finissions toujours par aboutir aux souks, qui étaient mon grand centre d'attention. Parfois il nous arrivait de traverser un tribunal en plein air. Je n'exagère point. Sous les arcades d'un grand édifice, trois fonctionnaires du Bey, revêtus de leur tunique plissée, et tout simplement assis sur des chaises, interrogent et admonestent les plaignants, qui se tiennent debout devant eux, souvent dérangés par les passants et les bourricots. Ce sont des conciliateurs plutôt que des juges, et si le délit a quelque gravité, ils renvoient les inculpés devant une autre juridiction. Point de gendarme ni d'avocat; point de greffier non plus : les choses se passent en famille, comme au temps où le bon roi Louis rendait la justice sous un chêne.

Comme il n'y a aucun monument à Tunis, pas même les mosquées, et que l'accès de ces dernières est interdit aux étrangers, force était de nous rabattre sur les quartiers populeux, où je pouvais à loisir observer les types et les coutumes. Un des plus misérables est sans doute celui qui avoisine la Kasba, dans le haut de la cité. On y va en omnibus par le boulevard Bab-el-Djésira, qui commence à la porte monumentale, et contourne la ville au midi, sur l'emplacement des anciens remparts. Passablement large à son origine et plantée de beaux arbres, cette avenue se transforme bientôt en un chemin inégal et raboteux, assez fortement ascendant, qui aboutit à de petites places et à des terrains vagues où subsiste encore une partie de l'enceinte. Il n'y a plus ici que des masures basses et des échoppes en planches à moitié pourries, hantées par une population dont la misère et la saleté dépassent tout ce qu'on peut imaginer. Sur la terre nue ou sur des tapis en lambeaux sont étalés en vente les loques les plus hideuses, les rebuts les plus infimes, et, contre toute vraisemblance, cette marchandise trouve des amateurs. Cependant la misère est plus apparente que réelle. Habitués à se contenter de presque rien, ces hommes sont heureux à leur manière. Partout des visages gais, des éclats de rires, des conversations animées; partout aussi des restaurants et des concerts à leur usage. Comme les gueux de Béranger ils s'aiment entre eux, et souvent on les voit se promener deux à deux, en se tenant fraternellement par la main. Le bruit du tambour nous attire près d'un groupe de personnages couchés en cercle autour d'un improvisateur accroupi sur ses talons à côté d'un vieillard aveugle. L'air inspiré, et comme halluciné, il regarde fixement le ciel de ses yeux gris hagards, et débite son boniment d'une voix enrouée, et presque sans reprendre son haleine. A chaque instant revient un court refrain ou une invocation sur un ton plus haut : alors l'aveugle se met de la partie, et un roulement sur le tambour de basque accompagne cet intermède. Les auditeurs paraissent y prendre un plaisir extrême, immobiles et attentifs comme jadis leurs prédécesseurs sur cette terre d'Afrique, aux récits du pieux Énée. Mon gamin assure que ces rhapsodes disent de fort bonnes choses.

Le marché du quartier franc recevait aussi mes visites. C'est là que vont s'approvisionner les ménagères européennes, la plupart accompagnées d'un nègre qui porte leurs acquisitions dans un énorme cabas en natte. On y trouve de tout : objets mobiliers, tapis, soieries, bijoux, parfumerie, épicerie, fruits et légumes, viande et poisson. La foule est grande, surtout dans la cour centrale, où stationnent les bourricots et les chameaux ; ces derniers accroupis, et faisant entendre, dès qu'on les touche, leur grondement rauque et prolongé. Ce sont d'ailleurs les plus inoffensifs des animaux ; ils vont parfaitement libres, et pendant un séjour de plusieurs semaines en Tunisie et en Algérie, je ne leur ai jamais vu ces brides et ces licous dont on les affuble dans nos publications illustrées. Un quartier spécial est réservé au marché de l'huile, hideux, suintant et mal odorant, comme d'ailleurs les hommes à moitié nus qui manient la marchandise, laquelle est renfermée dans des outres gluantes et crasseuses. On en met des charges énormes sur le dos de bourricots minuscules, dont la force est vraiment étonnante. Ces vaillants serviteurs sont également employés comme montures ; ils accompagnent les caravanes, et souvent on les voit porter à califourchon sur leur croupe des individus beaucoup plus gros qu'eux.

J'allais quelquefois passer mes soirées au théâtre français et au théâtre italien. Celui-ci est une dépendance d'un grand café de l'avenue de la Marine ; il consiste simplement en une vaste cour à ciel ouvert, garnie de chaises alignées. La scène est assez grande, et les décors ne laissent rien à désirer. Une fort bonne troupe y joue la comédie, et l'orchestre est plus que suffisant. Je voudrais pouvoir en dire autant du théâtre français. On y donnait la Mascotte. Également installé derrière un café de l'avenue, mais du côté français, ce théâtre n'est qu'une sorte de hangar couvert, entouré d'arbustes et de bananiers, qui sont d'un effet charmant à la lumière du gaz. C'est ici que jouait autrefois la troupe italienne, et qu'eut lieu la fameuse démonstration entre les officiers français qui faillit s'élever à la hauteur d'un évènement politique.

— Mais il est temps de sortir de la ville. Les environs immédiats n'offrent guère que trois localités intéressantes: la Marsa, Hammam-el-Lif et Carthage.

La première est située à 18 kilomètres au nord-est de Tunis, dans une vallée largement ouverte entre le promontoire de Kamart et celui de Carthage ; elle occupe une partie de l'emplacement de la célèbre cité. Il y a là une belle plage où l'on va prendre les bains de mer, un joli café arabe et beaucoup de résidences au milieu de superbes jardins, notamment celle du Bey, celle du gouverneur français et celle du cardinal Lavigerie.

La localité d'Hammam-el-Lif est située à 16 kilomètres au sud-est de Tunis, au fond du golfe et au pied de la montagne crétacée du Djébel-Bou-Kournaïn, que ces deux sommets jumeaux ont fait appeler montagne de la selle. Elle ne consiste guère qu'en un grand palais crénelé blanchi à la chaux, aujourd'hui inhabité, et en un établissement thermal alimenté par les sources chaudes de la montagne. Le site est charmant, et les bains de mer attirent de nombreux amateurs, qui viennent se délasser d'une journée de chaleur et de poussière. J'y rencontrais presque toujours quelque compagnon de traversée. On y va en chemin de fer, et l'on rentre à la tombée de la nuit.

Je termine par Carthage, et pour cause. Telle était mon impatience de contempler ces ruines fameuses, que j'y allais dès le lendemain de mon arrivée. Au sortir de l'hôtel je trouve Félix qui m'attendait. Il ne savait rien de mes projets, mais ces gens-là ont un flair diabolique. — Vous allez à Carthage, monsieur? — Oui. — Je vais vous y conduire. — Non, je n'ai pas besoin de toi. — Si, je vais vous y conduire. — Eh bien, allons! — Et je n'eus pas à me repentir de ma condescendance : si l'on peut à la rigueur se passer de guide à Carthage, au moins est-il extrêmement commode d'en avoir un. Nous voilà donc en route, et de grand matin. On prend le chemin de fer italien, qui se dirige au nord-est en longeant les bords du Bahira. Limpide et azurée comme la mer, cette belle nappe d'eau donne asile à de grandes troupes de flamants, dont nous nous efforçons en vain de découvrir quelque individu, ces singuliers oiseaux émigrant souvent de l'une à l'autre des nombreuses lagunes de la contrée. Les rives sont largement envahies par une triste et maigre végétation de cypéracées, de joncs, de soudes épineuses, de salicornes, de statices et autres plantes maritimes dont la couleur sombre contraste avec la teinte blanchâtre de la campagne avoisinante. Les champs dépouillés de leur récolte, et sur lesquels paissent des moutons dont la queue n'est qu'une énorme masse de graisse, nourrissent de vieux oliviers très clair-semés, noirâtres, ébranchés et tous inclinés du côté opposé à la mer. Il y a aussi beaucoup de grands espaces nus et stériles, où affleure un sous-sol d'argile et de calcaire grumeleux. On franchit les ruines bouleversées et presque méconnaissables de l'aqueduc d'Hadrien, et le convoi s'arrête au milieu des villas et des jardins de la Marsa, pour rebrousser ensuite sur la Goulette. Quelques instants après nous descendons à la petite station de la Malka, située à l'ouest et au pied de la colline de Byrsa, à 14 kilomètres de Tunis, et dans l'enceinte même de Carthage.

La ville antique occupait une presqu'île limitée à l'est par la Méditerranée, au sud par le Bahira et au nord par une autre lagune salée, la Sebka-er-Rouan, jadis en communication avec la mer, et où certains auteurs placent le port de Ruscinona, dans lequel mouilla la flotte qui allait attaquer les Castra Cornelia. Large au moins de 5 kilomètres, l'isthme qui sépare ces deux lacs s'élève à peine au-dessus de leur niveau. Le Bahira communiquait aussi avec la mer, et sans doute il était plus profond qu'aujourd'hui, puisque le consul Censorinus put y introduire ses vaisseaux à l'époque de la troisième guerre punique, et que plus tard la flotte de Bélisaire y trouva un abri. Au nord de la chersonèse carthaginoise s'élève le promontoire de Kamart, dont la falaise d'argile et de grès pliocène domine de 84 mètres la Méditerranée; une échancrure de la côte occupée par la plage sablonneuse de la Marsa le sépare d'un autre promontoire également de roche tertiaire, le cap de Carthage, qui atteint 123 mètres, et au midi duquel, mais à une certaine distance de la mer, surgit à une altitude de 63 mètres la colline isolée de Byrsa, centre et berceau de la ville. Le sol est également fort accidenté autour de ces trois collines; il s'incline en pente assez raide au sud et à l'ouest du côté du Bahira et de l'isthme intermédiaire, mais ce n'est guère que dans le voisinage des ports qu'il s'aplanit complètement.

Les restes qu'on a pu retrouver des diverses enceintes de Carthage ont permis de les reconstituer avec une certaine précision. Cependant les auteurs ne sont pas d'accord sur la question de savoir si la colonie phénicienne qui fonda la ville en l'an 814, s'établit au bord de la mer ou sur la colline de Byrsa. Quoi qu'il en soit, cette dernière devint l'acropole de la cité naissante, et fut munie d'une enceinte rectangulaire, de construction cyclopéenne et d'une merveilleuse solidité, dont quelques parties, retrouvées par Beulé en 1859, avaient jusqu'à 10 mètres de largeur, et renfermaient des salles, des magasins et des réduits ménagés dans l'épaisseur. On n'en voit plus rien à découvert. Une autre enceinte, établie au pied de la colline, descendait dans la plaine du côté des lacs; elle fut ensuite prolongée au nord jusqu'à la mer, et à l'ouest jusqu'au Bahira, dessinant un triangle dont la base, qui faisait face au rivage, avait un développement de près de 4 kilomètres, et dont la hauteur était exactement de 2 kilomètres. Là se trouvait la ville populeuse, sinon la ville entière; là se remarquent les principales ruines. Mais les fortifications s'étendirent encore prodigieusement: une triple muraille fut élevée entre le Bahira et la Sebka-er-Rouan, interceptant toute la langue de terre qui les sépare; elle se repliait à angle droit pour rejoindre la mer près du cap de Kamart, de façon qu'en dernier lieu l'enceinte fortifiée défendait une surface trapézoïde de 7 à 8 kilomètres de longueur sur 3 à 4 de largeur et plus de 28 de développement. Carthage dépassait donc en étendue Rome et même Syracuse. Mais cette aire immense n'était pas couverte partout de constructions. A l'extrémité nord, sur les collines du cap de Kamart, existait une vaste nécropole où l'on a retrouvé des centaines de milliers d'excavations funéraires et de tombeaux de toutes les époques, et plus au sud, dans la vallée actuelle de la Marsa, le quartier de Mégara était encombré de murs, de fossés, de haies et de jardins, au point que les soldats de Scipion, qui s'en étaient emparés de nuit par surprise, n'osèrent pas continuer leur attaque. La muraille de défense s'étendait également le long du rivage, où l'on a retrouvé les restes ensablés de quais gigantesques. Tout à fait au midi, et presque à la naissance du cordon littoral qui sépare le lac de Tunis de la mer, et que les anciens appelaient la ligule ou le tœnia, étaient creusés les ports de Carthage. Il y en avait deux : le Cothon, ou port militaire, et, immédiatement au sud, le port de commerce. De forme circulaire, le premier avait à son milieu une île également circulaire, où s'élevait le palais du chef de la flotte. Les fouilles de Beulé en ont mis au jour les quais, larges de 9 mètres 35 centimètres ; elles ont permis de constater que le pourtour du Cothon était de 333 mètres. Le port militaire communiquait par un goulet de 23 mètres de largeur avec le port marchand, bassin rectangulaire qui mesurait 456 mètres sur 325. Ce sont là des dimensions bien modestes, si on les compare à celles des établissements maritimes actuels, mais on ne doit pas oublier que les navires de l'antiquité n'avaient pas la grandeur des nôtres ; d'ailleurs il a été établi qu'une partie de la flotte punique s'abritait dans le Bahira. Aujourd'hui fort ensablés, les ports de Carthage ont cependant conservé leur forme, et renferment toujours de l'eau.

On est parvenu à déterminer avec une exactitude suffisante l'attribution des principales ruines. La belle carte publiée en 1877 par M. Ph. Caillat signale et dénomme quantité de temples, de basiliques, de bains, de palais, de théâtres ; on y voit même figurer la maison d'Annibal et le palais de Didon. Tels sont du moins les noms assignés à certains emplacements. La tâche était d'ailleurs fort délicate, la plupart des monuments n'ayant laissé que des traces presque méconnaissables. Romains, Vandales, Arabes et Chrétiens se sont acharnés sur la malheureuse cité, qui ne sortait de ses ruines que pour succomber de nouveau. Prise et livrée aux flammes par Scipion Émilien en l'an 146, elle se releva plus tard, et devint la ville la plus importante de l'Afrique romaine. Son atelier répandait avec profusion les monnaies de l'époque. Les Vandales la saccagèrent en 439 ; Bélisaire la reprit, et finalement les Arabes la détruisirent de fond en comble en 698. Pendant des siècles Carthage fut exploitée comme une carrière ; elle a fourni les matériaux employés à la construction de Tunis et de beaucoup d'autres villes ; ses marbres furent transportés à Rome, à Gênes, à Pise et jusqu'à Constantinople, et dans ces derniers temps un Anglais, sir Thomas Read, renouvelant les exploits de lord Elgin à Athènes, expédia dans son pays les colonnes de la basilique du roi vandale Trasamond. De la cité punique il ne reste plus rien à la surface ; tout ce qu'on voit à découvert date de l'époque romaine. Mais la masse des débris est immense. Les tranchées pratiquées en 1884 par MM. Babelon et Reinach entre l'acropole et la mer, ont montré qu'ils recouvrent le sol vierge d'une couche de 5 à 8 mètres d'épaisseur. Carthage n'est plus aujourd'hui qu'un vaste champ de ruines uniformément aplanies en suivant les déclivités du terrain ; à peine voit-on de loin en loin quelque pan de mur dépasser le niveau du sol. Les démolisseurs ont fait les choses en conscience, et l'ombre du vieux Caton doit être satisfaite.

J'ai dit que nous étions descendus à la station de la Malka. De l'autre côté de la voie ferrée sont les ruines d'un amphithéâtre romain, bien modeste dans ses dimensions si on le compare au Colysée et même aux arènes de Vérone. Un peu plus au sud nous pénétrons dans le cirque, qui est tout aussi dégradé ; cependant on en distingue les contours, ainsi que la *spina*, dont la longueur était au moins de 500 mètres. Nous revenons sur nos pas pour grimper sur les voûtes effondrées des immenses citernes autour desquelles et dans lesquelles ont été bâties les masures du village de la Malka. Les Arabes y renferment leurs troupeaux. Elles étaient alimentées par l'aqueduc d'Hadrien, qui allait chercher bien loin dans le sud les eaux du Djébel-Djougar et du Djébel-Zaghouan. Ses arcades s'élevaient à 25 et même à 40 mètres au-dessus de quelques vallées, et son développement total, y compris les embranchements, était de 132 kilomètres. D'ailleurs les citernes abondent dans toute l'Afrique du nord comme à Carthage, car on est obligé d'emmagasiner pendant l'hiver l'eau des sources, dont le débit diminue toujours énormément en été.

Un chemin creux, en montée assez raide, mène directement au couvent et à la chapelle de Saint-Louis, qui occupent l'emplacement de l'acropole au sommet de la colline de Byrsa. Mais je m'écarte souvent de la droite voie pour fureter dans les champs, attiré par la vue des débris de toute nature qui jonchent le sol, et dans l'espoir, toujours déçu, de ramasser quelque médaille antique. Ce sont des plaques de marbre, des fragments de corniche dont plusieurs ont conservé leurs moulures et leurs ornements, des tuiles, des poteries, des morceaux de vases sigillés, des cubes et même de petites portions de mosaïques ; et il suffit de gratter la terre pour en mettre au jour un bien plus grand nombre. Nous finissons par arriver. C'est du sommet de Byrsa que l'on jouit de la perspective la plus étendue sur le site de la ville, et qu'on en saisit le mieux la topographie. Nous faisons halte à quelques pas de l'entrée du couvent, ayant en face la mer et les montagnes mamelonnées de la presqu'île du cap Bon, l'ancien promontoire de Mercure. A mon tour je médite sur les ruines de Carthage, ne pouvant détacher mes regards du magnifique panorama qui se déroule de toutes parts. On distingue au nord les hauteurs lointaines du Djébel-Khaouï, près du promontoire de Kamart, et la colline beaucoup plus rapprochée du cap de Carthage, où sont groupées les maisons du village de Sidi-Bou-Saïd, qui dessinent une bande d'une blancheur éclatante au milieu d'une forêt d'oliviers. Plus près encore, les palais et les jardins de la Marsa forment des oasis dans la campagne sèche et poudreuse, et presque à nos pieds, le long du rivage, d'autres résidences entourées de palmiers et de cactus apparaissent comme autant d'îles de verdure. A notre droite, les bassins des ports reflètent des lueurs éblouissantes ; puis ce sont les édifices déjà lointains et les navires de la Goulette ; un peu en arrière, Tunis et son lac ; plus au sud, la montagne à double sommet du Djébel-Bou-Kournaïn ; enfin, à l'extrême horizon, la masse azurée du Djébel-Zaghouan. Le ciel est d'une admirable sérénité ; la limpidité de l'air donne aux contours des montagnes une netteté inimaginable et en laisse distinguer les moindres détails ; une brise assez forte aide à supporter la chaleur, qui est très vive.

Nous sonnons à la porte du couvent. Un jeune nègre nous introduit dans une grande cour dont les murailles sont incrustées d'innombrables inscriptions puniques, romaines et chrétiennes, de stèles, de reliefs, de frises, de chapiteaux, de sculptures ; il y a en outre sur le sol beaucoup d'objets plus volumineux, tels que bustes, statues, fûts de colonnes. Au milieu s'élève la chapelle de Saint-Louis, et, dans le fond, le grand édifice à arcades habité par les religieux. L'espace intermédiaire est occupé par un jardin planté de beaux dattiers, où bondit une jolie gazelle. J'avais un mot de recommandation à l'adresse du père Delattre, le savant archéologue de Carthage ; malheureusement il est en voyage pour quelques jours, et, en son absence, le musée qu'il a créé reste fermé. J'y reviendrai. Un jeune père, qui étudie également l'archéologie locale, veut bien me faire les honneurs de la maison. Ces messieurs sont superbes dans leurs grands vêtements arabes en laine blanche ; on regrette seulement que la chéchia tunisienne qu'ils portaient dans le principe ait été remplacée par le vulgaire chapeau de curé. Nous montons d'abord à la chapelle de Saint-Louis, construite en 1842 sur un terrain cédé à la France en toute propriété. L'édifice n'a d'ailleurs rien de remarquable : il est de forme octogone, avec coupole ; au-dessus de l'autel figure la statue en marbre du saint roi ; la chapelle renferme en outre le tombeau du père de M. de Lesseps. C'est un simple monument commémoratif, car on ne sait pas au juste où mourut Louis IX. A côté, une profonde tranchée a mis au jour plusieurs absides du temple d'Echmoun, encore appelé temple d'Esculape, qui dominait la ville et l'acropole ; elles sont construites en grandes pierres de taille admirablement ajustées. Notre guide complaisant me conduit ensuite au dehors. Du côté nord-ouest, au pied même du mur d'enceinte du couvent, des ouvriers aplanissent une grande surface en carré long destinée à servir d'assise à une cathédrale. Les travaux commencent à peine, et déjà le sol est jonché de marbres, de chapiteaux, de tuiles et de poteries. A peu de distance, une fouille récente a mis au jour, sur le flanc de la colline, un tombeau phénicien en dalles énormes, assemblées de manière à former un sarcophage rectangulaire surmonté d'un toit fort aigu. Mais l'heure est déjà avancée, et Félix me fait observer que nous sommes encore à plusieurs kilomètres de la Goulette, où nous attend le déjeûner. Certains appels intérieurs me disaient la même chose. Je prends donc congé du jeune père, et nous nous mettons en route pour les citernes de l'est, qu'on aperçoit au bas d'une faible colline.

Cependant, plus à gauche, d'autres excavations se font remarquer à mi-côte de la grande ondulation où l'on place le temple de Saturne. Pour y aller, il faut descendre la pente assez raide de la vallée qui nous en sépare, et remonter le versant opposé : passablement de peine pour un mince résultat, ces ouvertures appartenant à une de ces petites citernes qu'on rencontre ici à chaque instant. Heureusement se présente une ample compensation. Visible même depuis Saint-Louis, une profonde échancrure en demi-cercle entame un peu plus loin le revers méridional de la colline. C'est un théâtre, à n'en pas douter, mais si énorme, qu'au premier abord on peut hésiter à le prendre pour tel. Celui de Syracuse a certainement des dimensions plus restreintes. Cependant l'hémicycle est parfaitement régulier, les deux massifs des entrées latérales et celui du milieu se distinguent nettement. Serai-je taxé d'outrecuidance si je confesse la satisfaction que j'éprouvai, en apprenant quelques jours plus tard, du père Delattre, que ce théâtre n'était connu que de lui seul, ne se trouvait mentionné nulle part et ne figurait sur aucune carte? Et cependant il crève les yeux.

Les citernes ne sont pas loin : une pente à descendre, une autre à remonter. Ce sont, assurément, les plus prodigieuses qui existent, et sans doute les plus grandes qui aient existé après celles de la Malka. Elles consistent en dix-huit bassins disposés en deux rangées et couverts de grandes voûtes percées, chacun de 30 mètres de longueur sur 7,50 de largeur et 12 de profondeur ; il y a en outre au centre et aux extrémités 6 autres fosses circulaires de même profondeur, qu'on suppose avoir servi à filtrer l'eau. Un chemin de ronde entoure les fosses et les bassins, une allée médiane permet également de circuler entre les deux rangées. On dit que le monument est de construction phénicienne dans le bas et de construction romaine dans le haut ; mais l'exactitude de la première assertion peut sembler difficile à vérifier, attendu que la couche d'enduit qui revêt l'intérieur des bassins est si parfaitement intacte, que la plupart sont à moitié pleins d'une eau pluviale, quelquefois utilisée par les Arabes. On remarque divers travaux de restauration exécutés à des époques assez récentes, ainsi que le témoignent les nombreux morceaux de marbre antique employés comme moellons dans les allées latérales.

Mais il est temps de battre en retraite. Nous coupons au plus court à travers champs dans la direction de la Goulette, laissant à gauche les tranchées de MM. Babelon et Reinach, et, plus près du rivage, une ligne de ruines bouleversées appartenant peut-être à quelque aqueduc. Il faut remonter les pentes de Byrsa, puis redescendre dans la direction des ports. Chemin faisant, nous emplissons nos poches de dés de mosaïques, qui abondent en certains endroits. Une grande haie de cactus se présente, entourant une propriété dont on aperçoit les hangars et les bâtiments assez loin du côté de la mer. Elle est rompue en maint endroit. Comme je me disposais à la franchir, Félix me fait remarquer que le terrain ne nous appartient pas, et que nous n'avons pas le droit d'y pénétrer. Un tel scrupule chez un garçon absolument dépourvu de préjugés (j'ai eu le temps de m'en convaincre suffisamment) ne laisse pas de me surprendre, mais trouve bientôt son explication naturelle dans l'extrême pusillanimité du jeune drôle. Il y a, en effet, près de la ferme, quelques tentes de laboureurs et plusieurs troupeaux gardés par des chiens arabes, qui sont fort méchants, assure mon gamin. De quoi peuvent vivre ces moutons ; que trouvent-ils à brouter dans ces champs desséchés, absolument nus, où l'on ne voit pas le moindre brin d'herbe verte? c'est pour moi un problème encore insoluble à l'heure qu'il est. Et je dirai la même chose à propos des hauts plateaux de l'Algérie, où paissent d'innombrables troupeaux de bœufs, de moutons et de chameaux, tous prospères et bien en chair. Il faut cependant affronter le danger sous peine de changer de direction, ce qui ne serait pas du tout mon affaire. Les chiens se précipitent en hurlant, et Félix me joint côte à côte. Quelques pierres heureusement arrivées à destination suffisent pour les éloigner. Ces bêtes semblent partager les antipathies de leurs maîtres, et se montrent fort acharnées contre tout ce qui porte l'habit européen, et même contre les chiens européens, qui leur rendent bien la réciproque. Ce sont des animaux à demi-sauvages, issus en droite ligne du chacal, ainsi que l'avait si justement pressenti Isidore Geoffroy Saint-Hilaire, qui fait du chacal la souche du chien domestique. A peine se distinguent-ils, par leur taille plus élevée, de leurs ancêtres indépendants, dont ils ont l'apparence et le pelage, le museau effilé, les oreilles pointues, la queue droite et touffue. Chez quelques-uns, cette queue commence à se recourber en trompette, ce qui indique un passage au chien-loup.

Nous arrivons aux bassins du Cothon et du port marchand, dont les bords sablonneux sont plantés de palmiers et de cactus. Comme je l'ai déjà dit, ils ont conservé leur forme primitive, mais les ensablements en ont beaucoup diminué la surface : à peine le port de commerce a-t-il l'étendue d'un grand bassin de nos canaux français. Sur une partie de leur emplacement s'élève, au bord de la mer, un palais entouré d'un superbe jardin, où se remarquent beaucoup de palmiers, de bambous, des murailles de cactus, et, çà et là, d'énormes aloès surmontés de leur candélabre desséché. Cette végétation contribue beaucoup à donner aux contrées méditerranéennes l'aspect qui leur est propre; mais tous ses représentants ne sont pas indigènes, et sans doute l'exact et scrupuleux auteur de Salammbô a dû éprouver quelque mécompte, s'il a jamais appris que les agaves et les nopals dont il décore les paysages africains du temps d'Hamilcar, ont pour patrie le nouveau continent. Au lieu de suivre le conseil de Félix et de gagner la grande route, qui est à peu de distance à notre droite, je commande un détour sur la gauche pour nous rapprocher du rivage, où il y a de petites dunes sablonneuses dont je veux examiner la végétation. Ici encore tout est desséché, à part quelques pieds en fructification du *Pancratium maritimum*, belle amaryllidée aux longues fleurs blanches qui exhalent le parfum du narcisse, à part également des touffes d'*Ambrosia*, dont l'odeur forte et capiteuse n'a rien de bien agréable pour les nez de simples mortels. La chaleur est grande, et la soif à l'avenant. En continuant à marcher dans le sable de la plage, nous finissons par arriver à l'hôpital militaire et à une misérable cantine en planches, tenue par une pauvre vieille femme qui pleure encore son mari, mort récemment d'insolation — et d'absinthe, me dit à l'oreille mon gamin. Cela ne nous empêche pas d'en demander. Qu'il soit permis à quelqu'un qui n'en a jamais bu d'essayer de réhabiliter cet affreux breuvage, dont les victimes sont si nombreuses en Algérie et même en France. Je n'hésite pas à le déclarer : dans les pays méridionaux, où l'on éprouve fréquemment le besoin de se désaltérer, aucune boisson n'est plus agréable et plus rafraîchissante qu'un verre d'eau glacée un peu sucrée, dans laquelle on laisse tomber quelques gouttes d'absinthe, juste assez pour rendre le liquide un peu louche. Le difficile, c'est de savoir s'arrêter à temps. A la grande satisfaction de Félix, nous rejoignons enfin la grande route, qui passe devant le palais de Khérédine et mène droit à la Goulette, où nous arrivons vers deux heures ; un train du soir nous réintègre à Tunis.

Mais je tenais à voir les collections du père Delattre et à faire sa connaissance personnelle. En réponse à une lettre que je lui adressai, il eut l'obligeance de m'assigner un rendez-vous à Carthage, où je retournai quelques jours après, en compagnie d'un jeune ingénieur, M. Fr. A., mon compagnon de traversée. Notre visite se borna aux principales ruines et au musée, qui occupe une grande salle au rez-de-chaussée du couvent. On y a rassemblé les objets les plus précieux exhumés par les fouilles récentes : fresques, mosaïques, inscriptions, sculptures, bustes, statues et statuettes, objets en verre et en métal, bijoux, monnaies, etc., tous provenant du site même de Carthage. Les lampes, en particulier, sont excessivement nombreuses, surtout celles de l'époque chrétienne ; il y en a également de fort intéressantes de l'époque phénicienne, dont les plus anciennes consistent en une simple lame d'argile relevée sur les bords et pliée de manière à former un godet pour l'huile et deux petits canaux pour les mèches. Cette collection spéciale est peut-être la plus belle et la plus complète qui existe. Le père Delattre nous conduit ensuite au tombeau phénicien et au chantier de la future cathédrale, d'où l'on a extrait, depuis mon premier voyage, plusieurs chapiteaux et un grand fût de colonne en marbre ; enfin, au moment du départ, il me remet un beau plan de Carthage et plusieurs de ses écrits, qui m'ont été fort utiles pour la rédaction des présentes notes, et nous nous éloignons en gardant le meilleur souvenir de l'accueil du savant archéologue.

CH. CONTEJEAN.

www.ingramcontent.com/pod-product-compliance
Lightning Source LLC
Chambersburg PA
CBHW071437060426
42450CB00009BA/2223